Pray

MW00377681

Prayer

Answered

Prayer List

Prayer	Answered

Prayer List

Prayer	Answered

Prayer List

Prayer	Answered

Prayer List

Prayer	Answered

Prayer List

Prayer	Answered

Prayer List

Prayer	Answered

Prayer List

Prayer	Answered

Prayer List

Prayer	Answered

Prayer List

Prayer	Answered

Prayer List

Prayer	Answered

Prayer List

Prayer	Answered

Prayer List

Prayer	Answered

Prayer List

Prayer	Answered

Prayer List

Prayer	Answered

Prayer List

Prayer	Answered

Prayer List

Prayer	Answered

Prayer List

Prayer	Answered

Prayer List

Prayer	Answered

Prayer List

Prayer	Answered

Prayer List

Prayer	Answered

Prayer List

Prayer	Answered

Prayer List

Prayer	Answered

Prayer List

Prayer	Answered

Prayer List

Prayer	Answered

Prayer List

Prayer	Answered

Prayer List

Prayer	Answered

Prayer List

Prayer	Answered

Prayer List

Prayer	Answered

Prayer List

Prayer	Answered

Prayer List

Prayer	Answered

Prayer List

Prayer	Answered

Prayer List

Prayer	Answered

Prayer List

Prayer	Answered

Prayer List

Prayer	Answered

Prayer List

Prayer	Answered

Prayer List

Prayer	Answered

Prayer List

Prayer	Answered

Prayer List

Prayer	Answered

Prayer List

Prayer	Answered

Prayer List

Prayer	Answered

Prayer List

Prayer	Answered

Prayer List

Prayer	Answered

Prayer List

Prayer	Answered

Prayer List

Prayer	Answered

Prayer List

Prayer	Answered

Prayer List

Prayer	Answered

Prayer List

Prayer	Answered

Prayer List

Prayer	Answered

Prayer List

Prayer	Answered

Prayer List

Prayer	Answered

Prayer List

Prayer	Answered

Prayer List

Prayer	Answered

Prayer List

Prayer	Answered

Prayer List

Prayer	Answered

Prayer List

Prayer	Answered

Prayer List

Prayer	Answered

Prayer List

Prayer	Answered

Prayer List

Prayer	Answered

Prayer List

Prayer	*Answered*

Prayer List

Prayer	Answered

Prayer List

Prayer	Answered

Prayer List

Prayer	Answered

Prayer List

Prayer	Answered

Prayer List

Prayer	Answered

Prayer List

Prayer	Answered

Prayer List

Prayer	Answered

Prayer List

Prayer	Answered

Prayer List

Prayer	Answered

Prayer List

Prayer	Answered

Prayer List

Prayer	Answered

Prayer List

Prayer	Answered

Prayer List

Prayer	Answered

Prayer List

Prayer	Answered

Prayer List

Prayer	Answered

Prayer List

Prayer	Answered

Prayer List

Prayer	Answered

Prayer List

Prayer	Answered

Prayer List

Prayer	Answered

Prayer List

Prayer	Answered

Prayer List

Prayer	Answered

Prayer List

Prayer	Answered

Prayer List

Prayer	Answered

Prayer List

Prayer	Answered

Prayer List

Prayer	Answered

Prayer List

Prayer	Answered

Prayer List

Prayer	Answered

Prayer List

Prayer	Answered

Prayer List

Prayer	Answered

Prayer List

Prayer	Answered

Prayer List

Prayer	Answered

Prayer List

Prayer	*Answered*

Prayer List

Prayer	Answered

Prayer List

Prayer	Answered

Prayer List

Prayer	Answered

Prayer List

Prayer	Answered

Prayer List

Prayer	Answered

Prayer List

Prayer	Answered

Prayer List

Prayer	Answered

Prayer List

Prayer	Answered

Prayer List

Prayer	Answered

Prayer List

Prayer	Answered

Prayer List

Prayer	Answered

Prayer List

Prayer	Answered

Prayer List

Prayer	Answered

Prayer List

Prayer	Answered

Prayer List

Prayer	Answered

Prayer List

Prayer	Answered

Prayer List

Prayer	Answered

Prayer List

Prayer	Answered

Prayer List

Prayer	Answered

Prayer List

Prayer	Answered

Prayer List

Prayer	Answered

Prayer List

Prayer	Answered

Prayer List

Prayer	Answered

Prayer List

Prayer	Answered

Prayer List

Prayer	Answered

Prayer List

Prayer	Answered

Prayer List

Prayer	Answered

Prayer List

Prayer	Answered

Made in the USA
Las Vegas, NV
24 April 2022

47952959R00069